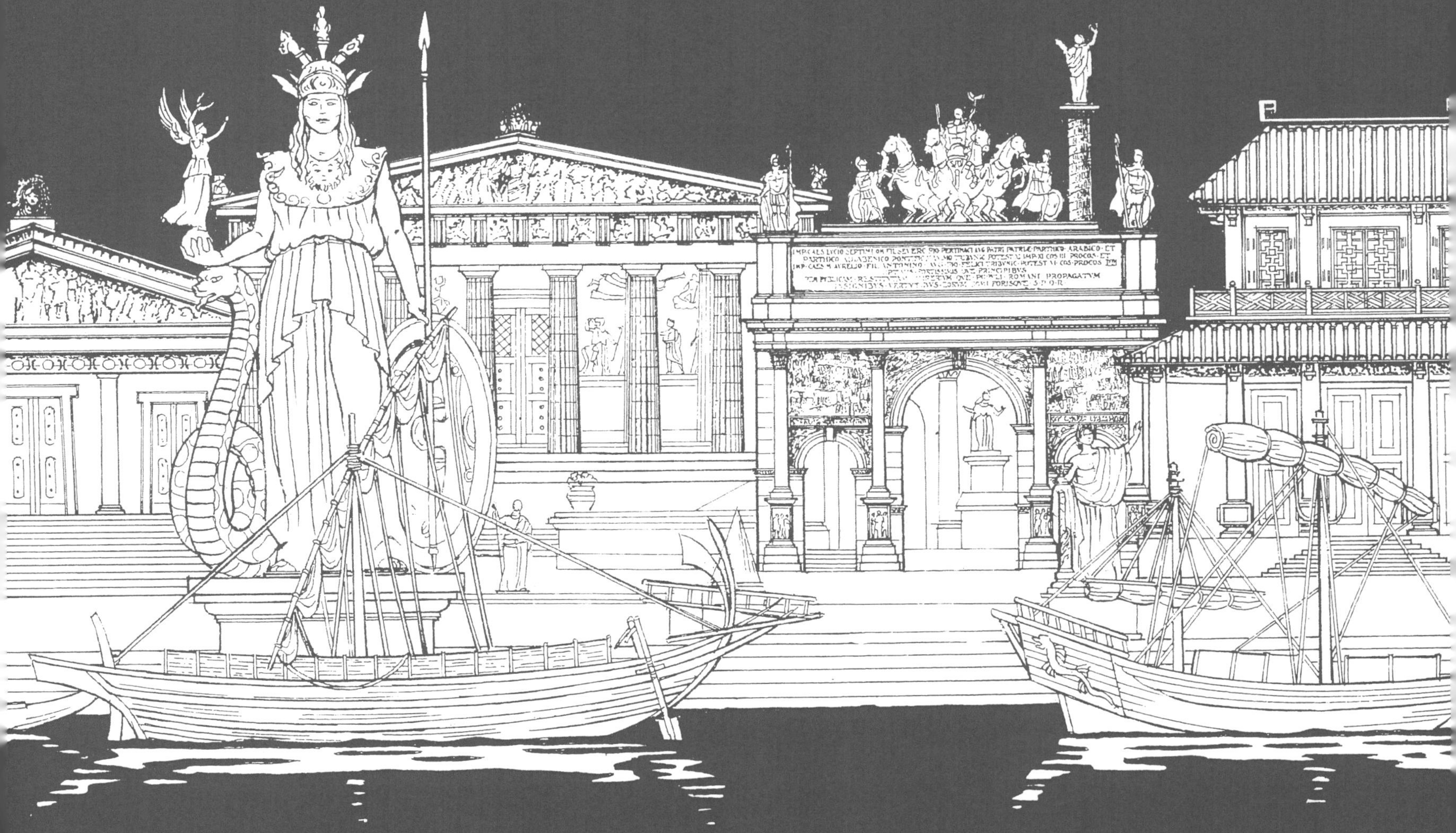

主要作者及丛书简介

雅克·马丁：法国著名漫画大师，1921年生于法国斯特拉斯堡，早年便在漫画方面表现出过人的天赋，与著名漫画家埃尔热和雅各布并称为"布鲁塞尔学派"的三个代表人物。1948年，马丁创造出阿历克斯这个生活在恺撒时代的罗马青年形象，并在《丁丁》杂志上开始连载他的故事。凭借着广博的历史和文学知识、娴熟的绘画技巧以及对古代建筑精细准确的再现，马丁创立了一个以严谨考证为基础的历史漫画创作流派。1953年，马丁与埃尔热工作室合作，参与了几部丁丁漫画的创作。1984年，马丁获得法国艺术文学骑士勋章。1988年，卡斯特曼出版公司大规模出版"阿历克斯历险记"丛书，以庆祝马丁创作这套系列漫画40周年。马丁一生共创作漫画120多部，累计销量超过1000万册。2010年1月21日，马丁在瑞士逝世，他的助手们目前在继续他的系列漫画的创作。

"时光传奇"丛书："阿历克斯历险记"系列漫画是雅克·马丁一生中最重要、最畅销的作品，也是世界漫画史上的经典作品之一。"时光传奇"丛书的重要组成部分即为"阿历克斯历险记图解历史百科"丛书的中文版。在本书中，阿历克斯和他的伙伴将穿越时空，带领读者领略各大古文明的兴衰。

特别感谢劳伦特·布伊和皮埃尔·德·布罗什对本分册的大力帮助。

时光传奇
Khronos Cross

法国漫画大师雅克·马丁作品

雅典

〔法〕雅克·马丁 著

甄权铨 郎久英 尹明明 译

ΑΘΗΝΑ

北京出版集团
北京出版社

目　录

年　表

此年表涉及古希腊时期雅典城发展的几个历史节点，以及与整个古希腊有关的历史节点。本书以古典时代为题。鉴于篇幅有限，我们将专注于介绍公元前的事件，人为地将叙述截止点设置在波桑尼阿斯[1]生活的时代，略去此后拜占庭时期的希腊，希腊与斯拉夫人、法兰克人、土耳其人、威尼斯人的关系以及1821年希腊独立战争等部分。

前15世纪左右：人们在西哥罗佩地区修建堡垒，是雅典城的前身。

前15—前12世纪：亚该亚人（迈锡尼人）入侵。

前12—前11世纪：多利安人入侵，迈锡尼、阿戈斯和梯林斯覆灭；特洛伊之战（前1184年？）。

前10—前7世纪：雅典人在阿提卡诸部落中最为强大（相传归功于国王忒修斯）。

前776年：首届古代奥林匹克运动会。

前750年左右：君主专制时期，诗人赫西俄德生活的时代。

前683年：贵族阶级掌权。

前7世纪：钱币引入希腊。

前625—前507年：德拉古（德拉古法典的制定者）、梭伦和庇西特拉图先后实施一系列改革。

约前561—前507年：庇西特拉图家族的僭主时代。

前507年：克里斯提尼时代，恢复并扩大民主范围。

前490年：希波战争的第一阶段，雅典人在马拉松战役中战胜波斯人。

古代雅典主要建筑布局图

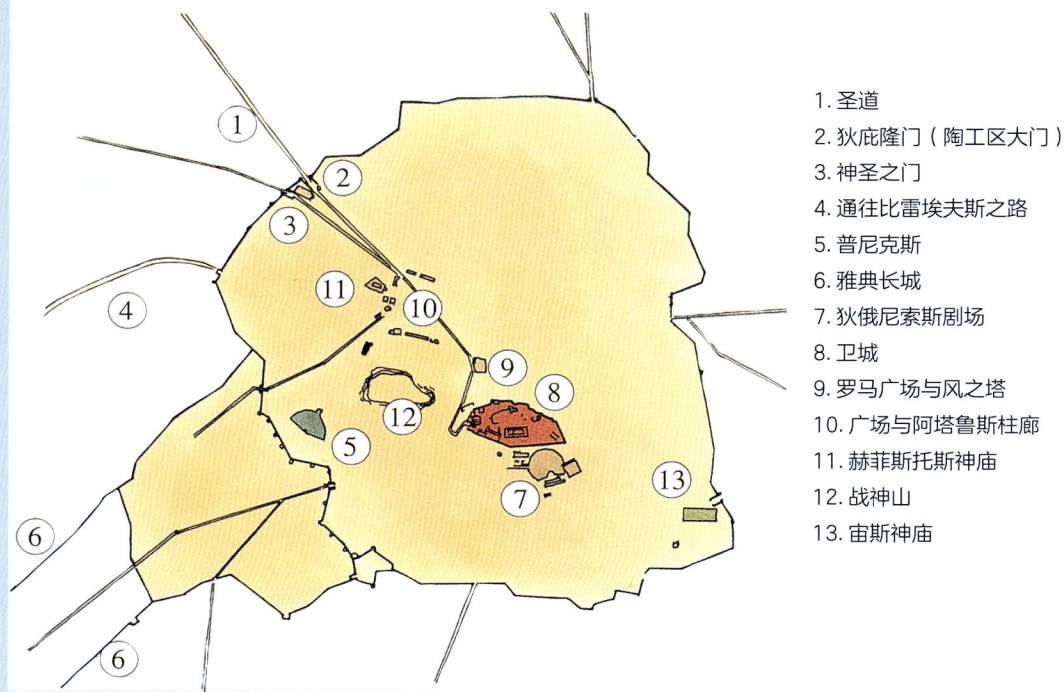

1. 圣道
2. 狄庇隆门（陶工区大门）
3. 神圣之门
4. 通往比雷埃夫斯之路
5. 普尼克斯
6. 雅典长城
7. 狄俄尼索斯剧场
8. 卫城
9. 罗马广场与风之塔
10. 广场与阿塔鲁斯柱廊
11. 赫菲斯托斯神庙
12. 战神山
13. 宙斯神庙

前480年：希波战争的第二阶段，雅典卫城被波斯人摧毁，雅典人在萨拉米斯海战中取得决定性胜利。

前478年：提洛同盟形成，雅典帝国初见端倪。

前461年：伯里克利推行民主改革。

约前460年：医学家希波克拉底出生。

前447年：帕提侬神庙始建。

前446年：雅典与斯巴达之间的30年和平时期拉开幕，文化生活蓬勃发展。

前431—前404年：伯罗奔尼撒战争爆发，斯巴达人最终占领雅典。

前429年：伯里克利因瘟疫病逝。

前404—前371年：斯巴达人称霸。

前403年：在色拉西布洛斯将军的主持下雅典民主得以恢复。

前399年：苏格拉底之死。

前395—前387年：科林斯战争。

前385年：柏拉图开始其教育事业。

前379—前362年：底比斯人称霸希腊世界。

前359—前323年：马其顿帝国飞速发展。

前323年：亚历山大大帝逝世，其帝国被瓜分，希腊化时代开始。

约前170年：波桑尼阿斯在其游记中记述希腊。

前146年：希腊臣服于罗马帝国。

前86年：苏拉率军攻占雅典。

【1】亦作鲍萨尼阿斯，2世纪罗马时代的希腊史学家、地理学家、旅行家。
　注：书中地图系原文插附地图。

前 言

　　很久以前，雅典人在雅典众神的居所——卫城脚下悠闲地生活着。后来，众神将这片土地交由这座新兴城邦的保护神雅典娜来管辖。雅典的地理位置极其优越：地处平原中央一处隆起的丘陵之上，虽然多山但没有什么地质灾害——是一块真正的天赐之地。

　　也正因如此，阿提卡半岛上的第一批希腊人开始在这里安家，他们在这里修建堡垒、建造神庙和贮藏财富。与海毗邻是雅典最突出的特点。渐渐地，越来越多的人聚集在这座巨大的"山尖"周围定居，并开始修筑城墙。在那个时代，堡垒固然坚不可摧，但普通的房屋和基础建筑却相对薄弱，容易被侵略者破坏。

　　除修筑坚固的城墙之外，雅典人还建起了著名的雅典长城，用来保护通往比雷埃夫斯港的道路。比雷埃夫斯港位置优越，是难得的天然港口。

　　就这样，雅典很快成为希腊不容忽视的重要城邦和军事力量——拥有举足轻重的商业船队和强大的战舰。

　　然而，希腊人无法形成一个内部和谐的民族，各城邦之间互相残杀，使得原本充满智慧与天赋、创造了人类文明诸多元素的希腊族群遭受重创。

　　得天独厚的地理优势，蓬勃繁荣的贸易往来，统治者的出色才华，哲学家、作家与艺术家的卓越造诣……如果没有斯巴达，雅典应该会称霸那个时代。斯巴达是一个位于伯罗奔尼撒半岛南部的城邦。斯巴达人没有城防，军队是他们唯一的力量。斯巴达始终在与雅典娜的守护地——雅典为敌。雅典富饶、民主、充满欢乐；而斯巴达人则主张禁欲、集体生活与贵族专制。双方之间的大战以雅典战败告终。不过，斯巴达人没能坚守住胜利的果实。整个希腊都落入了可怕的征服者——马其顿的腓力二世和他的儿子亚历山大大帝手中。希腊人的独立时期就此结束。

　　自此以后，雅典似乎陷入了漫长而深沉的睡眠。卫城先后多次被不同势力占领，其中包括用炸药炸毁了帕提侬神庙部分建筑的土耳其人。卫城还差点永远消失：一位来自巴伐利亚维特尔斯巴赫家族的希腊国王妄想将卫城改造成一座巨大的皇宫。幸运的是，他的计划未能实现，只是让残缺廊柱间的众神虚惊了一场！

雅克·马丁

雅典及卫城全景（Nick pavlakis 供图）

　　注：因供图方分别来自不同国家和地区的个人、网站、博物馆和科研机构等，故本书只保留供图方原文，以便读者查阅和考证。

历史概述

雅典在希腊古典时代扮演着举足轻重的角色。西方世界的许多哲学思想与政体理论都是在这个阿提卡的大都市中孕育而生的——这些思想被沿用至今，也将会继续流传下去。

雅典地处辽阔的平原中心，除南面之外三面环山。海港位于距离雅典约7千米的比雷埃夫斯。拥有流动水源、眺望平原与海岸的广阔视野的卫城是那个时代人们心中最具吸引力的居所。得天独厚的地理优势是这座城池最强大的天然防御工事。

新石器时代末期（约前2500年），卫城的岩石上第一次有人居住。从此以后，那里一直被视为诸神和人类的居所。

约前2000年，第一批希腊人进入希腊，建立了迈锡尼、阿戈斯和梯林斯城址。约前15世纪，迈锡尼文明时期，刻克洛普斯卫城的出现是未来雅典卫城的雏形。刻克洛普斯卫城最初是为了献祭猫头鹰所建，后用于纪念人身蛇尾的雅典王刻克洛普斯。此后，厄瑞克透斯继承了刻克洛普斯的王位，在卫城上修建了一处圣所和一座宫殿。后人将刻克洛普斯国王与雅典娜和海神波塞冬联系在一起。前13世纪末至前12世纪初，著名的特洛伊战争爆发了。

前1200—前800年可谓是雅典的黑暗时期。多利安人入侵希腊，毁灭了迈锡尼、梯林斯和阿戈斯。不过，他们放过了于前11世纪就已占领阿提卡地区。前10—前8世纪，雅典人一统阿提卡地区，雅典娜也就此成为这片土地的守护神。

前750—前594年，雅典统治权从王族落入贵族及大财主手中，建立了贵族政权，人们也称其为"寡头政治"。渐渐地，贵族阶级开始肆意挥霍权力，改革变得势在必行。前594年，梭伦（约前638—约前559年）实施了多项社会和政治改革。执政官（最高长官）将全体公民划分为四个等级，每个等级都有相应的代表参与议事会，还设立了公民大会和公民陪审法庭。可以说，梭伦改革为日后克里斯提尼时期的雅典民主化奠定了基础。

梭伦去世后，武将庇西特拉图登上了权力的宝座。庇西特拉图开创了"世袭式"僭主制度。他去世后，他的几个儿子先后接过权杖，统治雅典。不过，也正是在庇西特拉图统治期间，雅典迎来了一段繁荣时期，吸引了无数艺术家逃离波斯统治的爱奥尼亚（今土耳其），投奔雅典。古希腊悲剧创始人泰斯庇斯就是其中一位。

前507年，雅典执政官克里斯提尼重新恢复并发展了雅典民主制度。他建立了新的政治体制：将阿提卡划分为10个部族，扩大投票权，创立军事院校以培养军事战略家（军队领袖），设立陶片放逐法，以防可疑的野心家破坏民主制。

前499—前479年，雅典人与波斯人进行了多次战争，波斯于前480年攻陷卫城，但却在一年后的萨拉米斯海战中败给了雅典。在地米斯托克利的带领下，雅典人重修雅典城，加固比雷埃夫斯港的堡垒。雅典还组织成立了防御外敌入侵希腊诸城邦的"提洛同盟"，这是雅典海上称霸的开端，此时雅典已经成了斯巴达的强大对手。人们将前460—前400年的这段时间称为"伯里克利时代"——也是雅典的"黄金时代"：艺术、哲学蓬勃发展，社会高度繁荣。文学家埃斯库罗斯、索福克勒斯、阿里斯托芬、品达，哲学家苏格拉底，雕刻家菲迪亚斯，史学家希罗多德，医学家希波克拉底，建筑师穆内西克莱斯、伊克提诺斯、卡利特瑞特都出现于这

雅典娜胜利神庙遗址（Dimitrios 供图）

一时期。也正是在这一时期，人们开始修建帕提侬神庙与卫城山门。

雅典的发展历史充斥着与邻邦的战争。前431—前404年的伯罗奔尼撒战争宣告了雅典政治霸权的结束。前403年，色拉西布洛斯恢复了雅典民主政治制度，但到了前4世纪，雅典进入政治衰退期。文学家欧里庇得斯，哲学家苏格拉底、柏拉图和他的学院，演说家吕西亚斯、伊塞优斯、埃斯基涅斯，雕刻家普拉克西特利斯以一种悲剧的方式开始了新世纪。雅典民主制先是遭到马其顿人的摧残，前168年，罗马人又取代了马其顿人的地位。罗马人统治雅典期间曾在此修建了不少古希腊风格的建筑，但他们也将很多雅典艺术品带回了罗马。

此后的雅典开始了漫长的被侵略的血泪史：哥特人、保加利亚人、法兰克人、拜占庭人、威尼斯人和土耳其人先后侵占掠夺，仿佛雅典娜已不再守护这座一直敬奉着她的城邦。

直到1821年，雅典人和希腊人才推翻了土耳其人的统治。1830年，在第二次伦敦会议上，人们达成一致，建设一个新的希腊王国。希腊王国的前几任国王或来自巴伐利亚的维特尔斯巴赫王朝，或来自丹麦。

现代雅典仍旧带着因波折动荡的历史而留下的伤疤，不断在兴建、破坏、改造与毁灭中循环。这片土地曾被无数侵略者的铁骑践踏，人们很难清楚地了解这座城市最辉煌时的模样。岁月更迭，时光流转，雅典在不断变迁。希腊作家波桑尼阿斯曾于143—160年游访希腊各地，历史学家与考古学家们从他的作品中获取了许多关于希腊和雅典的信息。

"雅典"一词可能源于伊特鲁里亚语，意为陶瓷。这似乎表明，雅典城

卫城入口（Tatiana Popova 供图）

雅典卫城的山门，左侧为绘画陈列馆，右侧为雅典娜胜利神庙

最初位于陶工区以内。不过，这只是一个猜测。

雅典城墙同样见证了数个世纪的纷繁战火与硝烟。前404年，地米斯托克利城墙被毁；10年后，这段城墙重建。当这些防御工事被苏拉的罗马军队再次摧毁后，雅典一直保持着没有城墙的状态。直到罗马帝国皇帝瓦莱里安掌权时代（253—260年），这座城市才再次修建起城墙。瓦莱里安新建的城墙将皇帝哈德良（117—138年在位）建造的城区也容纳在内。

雅典坐拥9座主要城门，城内被划分为不同的行政区（称为"德谟"），边界以界石为标。伯里克利时期的雅典拥有26万~30万居民。而今，这一数字接近400万。

雅典卫城山门

古希腊文中的"πρόπυλον"一词，单数时表示的是建筑结构简单的神殿、宫殿或广场入口前的柱廊；复数时则表示结构复杂的建筑的宏大入口，例如厄琉息斯、科林斯和埃皮达鲁斯等地的神殿的入口。

按照伯里克利的计划，帕提侬神庙的修建工程完成后即开始修建卫城山门。山门高大雄伟，结合了宫殿庙

雅典卫城的山门（panos karas 供图）

宇的建筑元素。走进山门，陡峭的山径从南侧延伸，直通卫城高点。修建卫城山门本是想要替代庇西特拉图时代的简单山门，不过，修建工程于前437年起步，从未真正竣工。前432年，也就是伯罗奔尼撒战争爆发的前一年，山门的修建工程被叫停。

中部景观为雅典卫城的山门与帕提侬神庙，远景是吕卡维多斯山

卫城前门由3个部分组成：中央楼和南北两个侧翼。中央楼是一座长方形建筑，左右两翼向旁侧延伸。中央楼开有5扇门，穿过最中间的一扇就是圣路——古雅典城举行泛雅典人节时，游行队伍就是沿着圣路前行的。根据阿里斯托芬留下的文字，5扇门均为重型木门。

同帕提侬神庙一样，建筑师在卫城山门的设计之中也同时使用多利克柱式与爱奥尼亚柱式。外侧是多利克式立柱，而在内侧，两排纵向的爱奥尼亚式立柱将中央楼划分为3个部分。中央楼内很可能是以星星图样点缀的蓝色天花板。

中央楼北翼是绘画陈列馆，这是世界上第一所绘画陈列馆。人们曾在这里发现了很多古代艺术大家的木板绘画作品，如波吕格诺特斯（前5世纪），他创作了多个以神话为主题的艺术作品。

而中央楼南翼则是一个面积稍小的厅。向西穿过这个厅，便是雅典娜胜利神庙（又称尼基神庙）。这座神庙修建于前420年前后，是由卡利特瑞特主持修建的爱奥尼亚式建筑。神庙仅含一厅，内有一尊雅典娜

从卫城山门欣赏帕提侬神庙的景象

神像——原木制雕像的复制品。柱顶檐壁上绘着诸神聚会以及一些战斗画面。1687年，这座十分精美的宗教建筑被土耳其人毁坏。

穿过卫城前门，古时的旅者会在左手边看到几座行政建筑或住宅，阿瑞封瑞翁的房子就在其中；同时还有一尊高达9米的巨型雅典娜·普罗玛琪斯神像（意为"'戎装的'雅典娜"）。而在右手边，是小型的阿耳忒弥斯神庙、雅典娜·埃加尼[1]神庙以及宏伟的帕提侬神庙。

雅典卫城山门自基座起，使用的是采自雅典东北潘特里克山的大理石和厄琉息斯蓝色大理石——在当时，这些都是价值连城的石料。

山路从下方穿过山门通向被法国考古学家们命名的"蓝门"——它是于1853年在一座土耳其楼堡下方被发现的。这扇门于3世纪由罗马人所建。只是人们一直无法探知一件事：通向卫城的，究竟是一段阶梯，还是一条曲折小路呢？

同其他雅典建筑一样，雅典卫城山门也背负着一段血雨腥风的历史，先后被征作主教皇宫、佛罗伦萨宫殿及土耳其武器库使用。

【1】诗人荷马曾写到，雅典娜教会女人用羊毛纺纱、织布、刺绣，因而被人们崇拜为"埃加尼"，这是"勤劳、聪明"的意思。

雅典总览图。前景：阿塔鲁斯柱廊；右侧是狄俄尼索斯剧场。图中心为雅典卫城

帕提侬神庙

有"高丘上的城邦"之称的雅典卫城，以及坐落在卫城最高点的帕提侬神庙，是所有首次来到雅典的游客的必到之处。卫城海拔156米，长300米，宽85米，是一处建在石灰岩山冈上的建筑群，包括希波战争（前499—前479年）后重建的诸多宗教庙宇，其中最著名的便是帕提侬神庙。

雅典卫城上建有不同时代的庙宇和宫殿。前480年，薛西斯一世的波斯军队攻破希腊，将雅典卫城及其庙宇洗劫一空。次年战胜波斯人后，雅典人在雅典民主领袖伯里克利（约前495—前429年）倡议下重建卫城。伯里克利规划的第一座建筑就是帕提侬神庙，以容纳一尊镶嵌黄金与象牙的巨型雅典娜女神像。雅典娜不仅是雅典的保护神，更是所有希腊城邦的保护神。

前449年，卫城重建工作正式开始。伯里克利邀请他的好友、雕塑家菲迪亚斯担任工程的艺术总监。菲迪亚斯打造了一尊巨型雅典娜神像（高约12米，算上底座高约15米），设计了帕提侬神庙的中楣和外部的三角楣。他很可能还雕刻了雅典娜·普罗玛琪斯神像。这尊神像后被查士丁尼一世带至君士坦丁堡，最终在一次围城战中下落不明。菲迪亚斯的身边还有建筑师伊克提诺斯和卡利特瑞特。前439年，有"贞女的居所"之称的帕提侬神庙封顶。前432年，雅典卫城的重建工程结束。

帕提侬神庙长69.5米，宽30.8米——这大约就是希腊艺术的经典比例9∶4。其实，雅典建筑师使用的并不是希腊最优质的帕罗斯大理石，而是

帕提侬神庙（Anastasios71 供图）

距雅典不远处的潘特里克山的白色大理石。

帕提侬神庙中最古老的圣殿是木质结构的，而且只有一个房间（称为"内殿"）以及一条前廊。前700年，随着人们财富的不断累积，建筑师开始采用"列柱中庭"的建筑形式，即建筑中央的庭园被柱廊包围。列柱均采用昂贵材料（如大理石）打造。建筑的每一侧都延伸出一道门廊，直抵中庭。

尽管今日的帕提侬神庙已是残垣断壁，但它见证了伯里克利时代希腊艺术的复杂性，是古希腊人推崇经典比例的最好体现。神庙内殿外共有46根多利克式立柱环绕，短边方向每边8根柱子（通常是每边6根），长边方向则有17根（四角的立柱计数两次）。我们发现，帕提侬神庙的长短边比约为9∶4。而在内殿内，2列6根的多利克式立柱勾勒出前廊（东侧）与后殿（西侧）的范围。

古希腊建筑师也研究视觉效果。他们明白，当肉眼观察一根垂直立柱时，立柱的中间位置看起来会比两端略细。因此，古希腊人在打造内殿外侧的立柱时，会使立柱的 $2/3$ 高度处略微隆起，这样一来，柱身向外弧度略增，柱顶就会略向内倾斜，整体看来更美观。

神庙内部被分为两部分——供奉雅典娜神像的内殿与陈列宝物的后殿。内殿长约30米，从东西向看，2排10根多利克式立柱将内殿分为3个部分；从南北向看，神庙的内殿是两层结构。

帕提侬神庙建筑细节示意图（John Copland 供图）

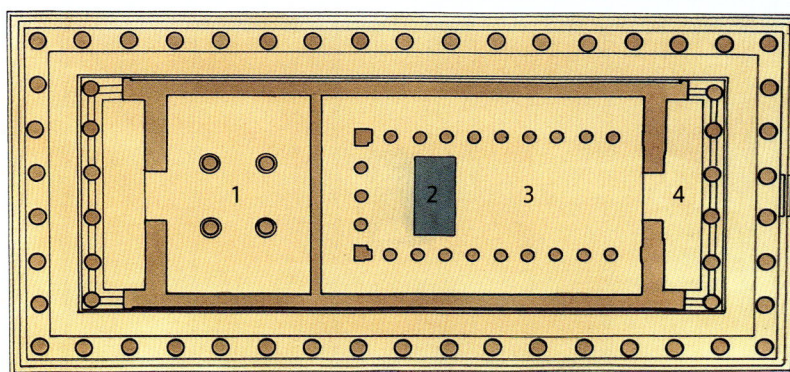

帕提侬神庙布局图

1. 后殿
2. 城邦之神雅典娜神像
3. 内殿
4. 前廊

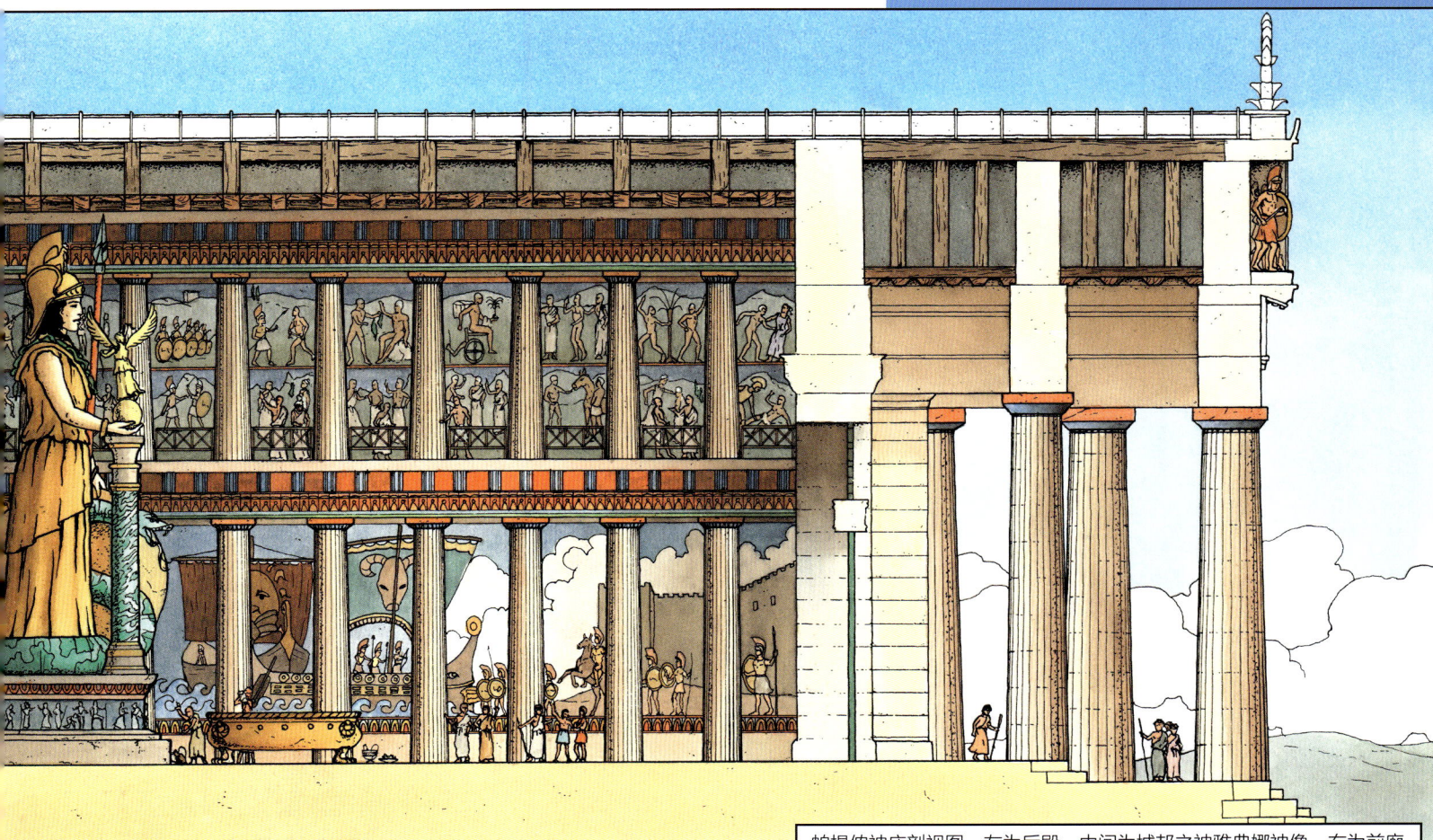

帕提侬神庙剖视图。左为后殿，中间为城邦之神雅典娜神像，右为前廊

城邦之神雅典娜和用来保持象牙湿润的水池

分的蒸发能使象牙保持微微湿润的状态，以免脱落。自从神像在雅典失踪后，便没有人再见过它。有人说，它被带去了君士坦丁堡。也许，我们只能通过罗马时代的大理石缩小版复制品（瓦尔瓦凯瓮的雅典娜）和波桑尼阿斯的记述想象它的壮美了。菲迪亚斯没能看到他的艺术作品完工——在帕提侬神庙的装饰工作完成之前，他就被指控贪污制作雅典娜神像的黄金与象牙，不得不终止工作。

除雅典娜·普罗玛琪斯神像外，其他古希腊雕塑大多用颜料涂绘了丰富的色彩。但也正因如此，数千年沧桑洗礼后，这些绘画几乎留不下什么痕迹。帕提侬神庙内殿的带饰上刻画了泛雅典人节日的游行盛况。不幸的是，时至今日，帕提侬神庙的西侧只剩下几块带饰板，绝大多数文物都散落在世界各处（如雅典、巴黎和伦敦）的博物馆。其中，伦敦大英博物馆的"埃尔金大理石雕塑"尤负盛名——当年，英国外交官埃尔金将部分帕提侬神庙石雕带回英国，并于1816年将其卖给英国政府。

神庙外围原有92块墙雕，长边每边31块，短边每边15块。而今，我们只找到了57块墙雕：41块仍在原位，16块则散落到不同的博物馆中。这种情况下，我们很难准确地辨认出这些墙雕刻画的神话故事。但我们可以从其中一组雕塑中看到传奇的色萨利地区的阿庇泰人与半人马之间的战斗——这组墙雕很可能象征着希腊人与蛮族（非希腊人）之间的斗争。此外还有一些墙雕的主题与神灵和巨人之间的争斗、希腊人和阿玛宗人[1]的战斗等有关。

中殿是整个建筑中最高的部分，因为高大的雅典娜神像就安放于此。这尊雅典娜神像是雅典唯一一尊没有使用鲜艳色彩绘制的神像。神像被安置在一个木制基座上，皮肤由象牙制成，衣服和饰品上贴着大量金箔。胸部甲胄上饰有蛇发女妖美杜莎的头颅——传说中，忒修斯杀死了美杜莎。基座上雕刻着潘多拉出生时的场景，基座旁则是一个装满水的水池——水

帕提侬神庙饰带的细节

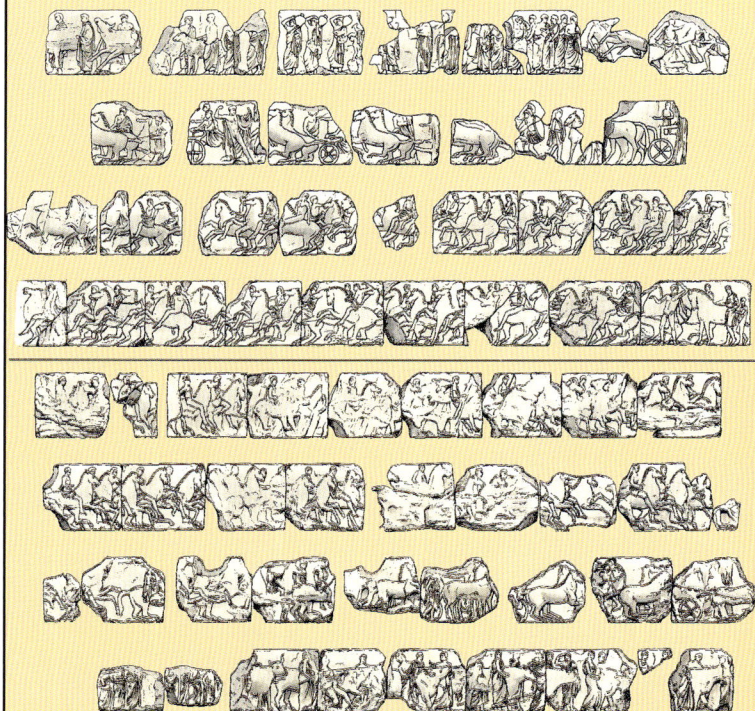

北侧饰带

上方的两排浮雕：东侧饰带
下方的两排浮雕：西侧饰带

南侧饰带

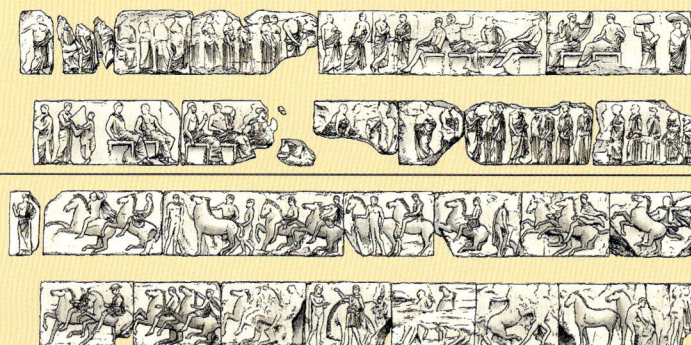

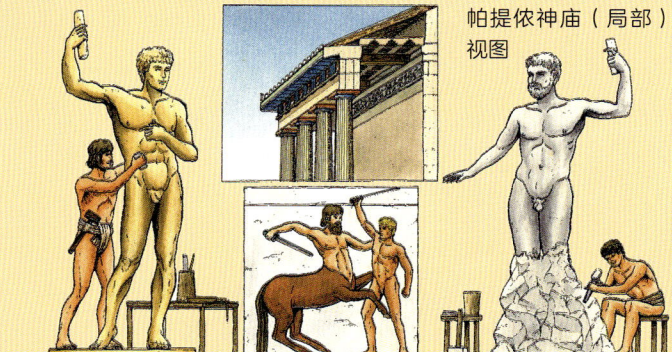

青铜雕塑师　　墙雕（局部）　　大理石雕塑师

帕提侬神庙（局部）剖视图

　【1】阿玛宗人出自希腊神话，传说这是一个纯女性的部族，居住于本都（黑海东南岸古王国），大概位置在土耳其黑海沿岸，北部的特尔莫冬河附近。

帕提侬神庙从未承担过特定的宗教用途，因为宗教仪式都在厄瑞克忒翁神庙进行。因此，它被当作雅典城邦与雅典海上同盟的宝物陈列室。古希腊人将它称作"神庙"或"大神庙"。在伯里克利看来，帕提侬神庙其实是雅典的保护女神赐予雅典人民的一份恩典。演讲时，伯里克利也不愿谈论神灵和传统信仰，而是盛赞雅典城邦的宏大与繁荣。在他的政治抱负实施的过程中，他泛希腊式的政治视野意味着他主张由雅典人领导希腊各城邦。因此从这个角度来说，与其将帕提侬神庙定义为一处宗教性建筑，不如说它是伯里克利政治远见的重要体现。

帕提侬神庙始建于庇西特拉图时代；其重建始于克里斯提尼时代，却被波斯人于前480年摧毁。1209年，神庙被改为基督教堂，之后又于15世纪被改为清真寺。如果要追问辉煌的帕提侬神庙今天为何仅存断壁残垣的话，那应当归咎于历史以及对它进行的若干考古活动。事实上，1687年威尼斯人围攻雅典期间，帕提侬神庙部分被毁——土耳其人将军队撤至卫城内，作为弹药军火库的神庙就在威尼斯人的炮火中被毁。后来，英国勋爵埃尔金将残留的神庙墙雕切割成块，运回了英国。

后殿及殿内摆放的泛雅典人节进献的佩普洛斯【1】

城邦之神雅典娜神像

帕提侬神庙，左侧是雅典娜·普罗玛琪斯神像

【1】一种古希腊服饰，也有人称其为多立安式希顿。

厄瑞克忒翁神庙
与狄俄尼索斯剧场

伯里克利逝世后，雅典建设的脚步并未停下。帕提侬神庙和卫城山门竣工后，建筑师们开始修建厄瑞克忒翁神庙。狄俄尼索斯剧场坐落在雅典卫城南侧，是至今保存较为完善的古剧场之一。埃斯库罗斯、索福克勒斯、悲剧作家欧里庇得斯以及喜剧作家阿里斯托芬都将自己作品的首秀献给了狄俄尼索斯剧场的舞台。

少女柱廊（Netfaws-Remy Musser 供图）

厄瑞克忒翁神庙

早在约前1400—前1150年的迈锡尼文明时期，雅典卫城里已经建有一座拥有防御工事的宫殿——这是古希腊统治者们的居所。希腊神话中的第六任雅典国王、与海神波塞冬有关联的厄瑞克透斯就曾在此居住。厄瑞克透斯曾带领雅典城邦与来自厄琉息斯的侵略军展开殊死搏斗。神庙之名由此得来。同时，这座神庙也是为了纪念雅典城邦的守护神——城邦之神雅典娜与海神波塞冬而建。神庙内还有厄瑞克透斯与圣蛇之墓、刻克洛普斯之墓——他是希腊神话中的雅典第一任国王，在荷马的《伊利亚特》和《奥德赛》中都曾被提及。因此，希罗多德曾写道，人们有时会称厄瑞克忒翁神庙为"刻克洛普斯神庙"。传说雅典娜和海神波塞冬正是在神庙所在地争夺阿提卡的所属权。因此，我们在这座神庙中还能找到波塞冬的三叉戟、咸水泉和雅典娜的橄榄树留下的印记[1]。

厄瑞克忒翁神庙的修建始于前421年斯巴达与雅典休战之时，于前407年或前406年竣工。神庙的设计师究竟是谁，并没有定论。有人说是菲洛克勒斯，有人说是穆内西克莱斯，还有人则坚信神庙是伊克提诺斯和卡利特瑞特的又一力作。无论是谁，这位建筑师正是巧妙地利用了地势的高低差，成功设计出这座令人惊叹的庙宇，满足了它要庇护的每一个信仰崇拜者的需求。

厄瑞克忒翁神庙有3个入口：正门位于神庙东侧，进入后就是雅典娜神殿，第二个入口在地势稍低处，第三个则直通波塞冬·厄瑞克透斯殿。整个建筑分

为3个部分：主体神庙、北部延伸区以及著名的少女柱廊。这6根雕有少女形象的柱子位于南门廊，同样是传统的爱奥尼亚柱式。每根柱子尽管都属于爱奥尼亚风格，但其尺寸与比例各不相同。今天卫城上令人赞叹的少女像都是复制品，原作有5件在卫城博物馆展出，还有一件在大英博物馆展出。

少女柱廊

少女柱廊的少女像之一（kamira 供图）

【1】刻克洛普斯建立城邦时，雅典娜和波塞冬争任该城的守护神，两神各提供一份礼物供人挑选。波塞冬用三叉戟刺地，出现一口咸水泉，它可以用来制盐；雅典娜用长枪刺地，长出一棵橄榄树，它能带来木材、油和食物。最终，刻克洛普斯判定橄榄树是更好的礼物，尊雅典娜为守护神，并把城邦命名为"雅典"。

深灰色的门楣是石头材质的，里面还有一盏由雕塑家菲迪亚斯和弟子卡利曼库斯制作的金灯。

厄瑞克忒翁神庙一直在使用。中世纪时它被当作教堂，1458—1833年，土耳其人又将神庙改造为后宫宫殿。

厄瑞克忒翁神庙（Kozer 供图）

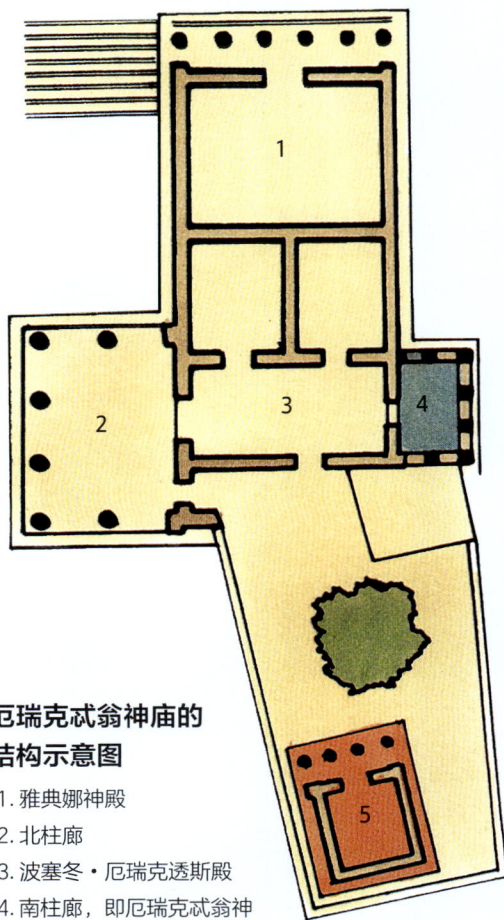

厄瑞克忒翁神庙俯瞰图

厄瑞克忒翁神庙的结构示意图

1. 雅典娜神殿
2. 北柱廊
3. 波塞冬·厄瑞克透斯殿
4. 南柱廊，即厄瑞克忒翁神庙的少女柱廊
5. 潘德洛索斯神庙

厄瑞克忒翁神庙北门内景复原图

狄俄尼索斯剧场

狄俄尼索斯剧场的看台共有67排座席，可容纳17000余名观众。其中，看台第一排是预留给重要的公民与祭司的。看台部分依坡势而建，呈半圆形，最中心便是为狄俄尼索斯而设的祭坛。这座建筑构成了自由之神狄俄尼索斯圣所的一部分。时至今日，剧场门楣依然可见，罗马时代的雕刻讲述着狄俄尼索斯的跌宕经历。

这个剧场最初是供希腊人载歌载舞以歌颂狄俄尼索斯的聚会场所。古时共有3个纪念酒神狄俄尼索斯的节日：历史最为悠久的是在各德谟（乡村行政区划）里组织庆祝的"乡镇狄俄尼索斯节"；庇西特拉图时期设立的"勒纳节"，每年1月举行；"城市狄俄尼索斯节"每年3月举行，大型戏剧比赛是其一大亮点。

大多数雅典居民都被邀请进入剧场观看表演，妇女、奴隶和异邦人除外。演出组织费用由最富有的观众支付。演出从日出开始，一直到日落才停止，悲剧作家们需拿出一部四部曲，且其中三部为同一主题。埃斯库罗斯的《奥瑞斯提亚三部曲》是唯一一部流传至今的三联剧悲剧作品。

这里上演的第一部悲剧的作者应该是前6世纪的泰斯庇斯。不过，我们今天已无法找到更多的线索。悲剧作品大多讲述神祇和英雄们的悲剧人生，对白与吟唱交替演绎，全剧由5个部分组成——这便是后来法国传统的五幕式古典悲剧的前身。随着戏剧的发展，吟唱逐渐失去了戏剧中的地位，对白的重要性越发显著。

戏剧舞台上，演员戴着布制、木制或软木制面具，这样既能点明角色，又能丰富演员的音色。一般来说，浅色面具代表女性角色，深色面具代表男性角色。演员身着长袖长袍和披肩，头戴假发，脚穿厚底木鞋——这是悲剧演员的特制木鞋，鞋底越厚，角色越重要。那时的女性角色均由男演员化装反串。

雅典政府负责评选参与戏剧比赛的作家们，获胜者由抽签确定的十人评委会选出。优胜者会被授予常春藤冠，有时还有一头公羊，并被获准向酒神狄俄尼索斯进献还愿物。其中只有一个还愿物——李西克拉特音乐纪念亭——得以留存至今。剧场的观众还能将小雕塑带回家作为纪念，有些人甚至将这些雕塑带进自己的墓中。

狄俄尼索斯剧场的细节（Ariy 供图）

狄俄尼索斯剧场全景（vias2000 供图）

狄俄尼索斯剧场内景复原图

雅典广场

自新石器时代以来，雅典的古代广场从未被废弃。在约前1500—前1100年的迈锡尼文明时期，这里是居民埋葬逝者之地；至前6世纪梭伦当政之时，这里成为雅典政治、社会及经贸活动的中心，数不清的房屋与雕塑点缀在广场周围。前4世纪的演说家埃斯基涅斯曾感叹："所有纪念我们丰功伟绩的建筑都屹立在雅典广场上。"

古希腊时期，各个城邦都会在城中央开辟一大片空地，四周环绕各色建筑——这便是广场（又被称为"古市集"）。雅典广场也不例外。它被庙宇、神坛、雕塑等公共建筑簇拥着。人们可以在这些建筑旁找到举行议事会（五百人会议）的议事厅、政府所在的圆厅（官吏们日夜轮岗，以便确保民主政权长久维持）。圆厅里存放着重量与长度的标准度量衡。此外，雅典广场旁还有武器库、人民陪审法庭和监狱——前399年，苏格拉底就是被关在了这里。

复建的阿塔鲁斯柱廊（Brigida Soriano 供图）

不幸的是，时至今日，雅典广场已几乎找不到建筑的踪迹，只有一处原址复建的阿塔鲁斯柱廊。1931—1941年、1946—1960年，考古人员先后两次在这里进行了系统性考古发掘。1953—1956年，同一批考古人员在这里复建了阿塔鲁斯柱廊，并将其改造为雅典古市集博物馆。为了进行考古发掘，雅典人拆毁了占地面积不少于12公顷的400余栋现代建筑。

"柱廊（Stoa）"一词指的是在商业建筑中或商业建筑群间的长厅。天气不好时，柱廊还能为行人提供庇护。

阿塔鲁斯柱廊是由帕加马国王阿塔鲁斯二世（前2世纪）出资兴建的，这是一座两层结构的建筑，沿廊头、廊尾处的阶梯可登上第二层。

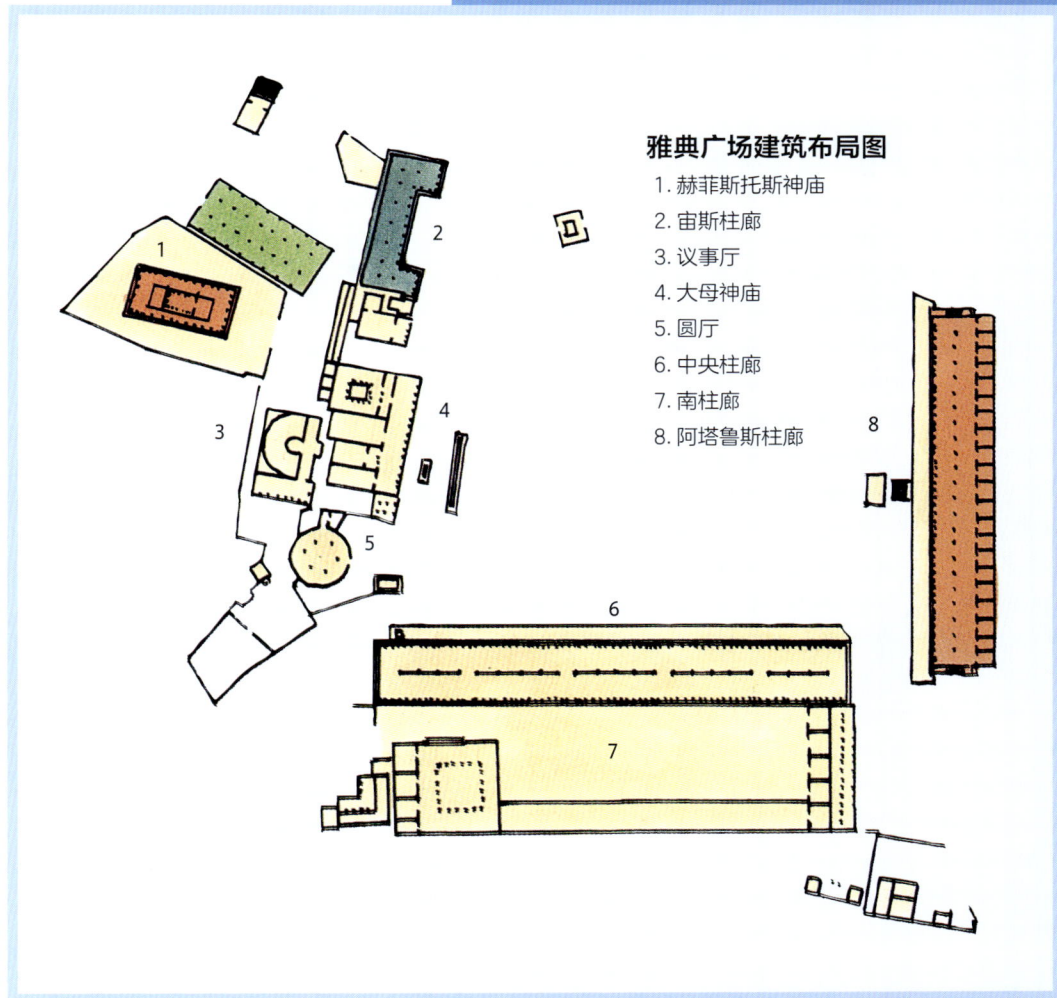

雅典广场建筑布局图

1. 赫菲斯托斯神庙
2. 宙斯柱廊
3. 议事厅
4. 大母神庙
5. 圆厅
6. 中央柱廊
7. 南柱廊
8. 阿塔鲁斯柱廊

从阿塔鲁斯柱廊欣赏赫菲斯托斯神庙

（Pietro Basilico 供图）

于1953—1956年复建的阿塔鲁斯柱廊还有第二个身份——古市集博物馆，收藏了自新石器时代到罗马时代的众多文物

（Pietro Basilico 供图）

（Pietro Basilico 供图）

柱廊长116米，宽20米，两层长廊共开有21家商铺，这样的规模在所有已知的古希腊柱廊中是绝无仅有的。拥有21家商铺的阿塔鲁斯柱廊所呈现出的经济、商贸属性将它与皇家柱廊和宙斯柱廊区别开来。

阿塔鲁斯柱廊外侧有45根立柱，一层较长，二层较短；内侧还有22根支撑平台的爱奥尼亚式立柱。

离阿塔鲁斯柱廊不远的广场山（Kolonos Agoraios）上坐落着赫菲斯托斯神庙。因神庙壁画绘有忒修斯，也有人称其为"忒修斯神庙"。这是一座多利克风格的围柱式建筑，占地长32米，宽14米，最初是为供奉火神、匠神赫菲斯托斯与雅典娜而建，同样是以潘特里克山的大理石作为建筑材料。建造神庙的工程于伯里克利执政时期开始，直至这位著名战略家去世若干年后（约前421—前415年）才竣工。这很可能是保留最完好的古希腊建筑：神庙顶部完好无损，游客能近距离看到墙面和檐壁的原貌。4世纪时，赫菲斯托斯神庙被改造为基督教堂；14世纪时，教堂得名"圣·乔治"。后人推测，很可能就是这位圣·乔治保护这座古代建筑免遭毁坏。

这里曾被称为"忒修斯神庙"，实际上是火神、匠神赫菲斯托斯神庙（Anastasios71 供图）

阿塔鲁斯柱廊内、南柱廊和市集的景象

自由之神宙斯柱廊

广场上最长的柱廊——阿塔鲁斯柱廊

防御工事与街道

雅典卫城的神圣之门下面，有一条神圣之路通向厄琉息斯。地米斯托克利时期修建的部分城墙得以保存，供今人瞻仰。数千年前的一天，城邦的防御工事外，一群人来来回回，不断勘察，计划为学者们修建"诗人的园地"——苏格拉底也在这里的某棵橄榄树下，正在给围坐一圈的学生们授课。

伟大的哲学家苏格拉底除了参加地峡竞技会和服兵役，从未离开雅典一步。他只愿留在雅典。苏格拉底出生于前469年，他先是继承了父亲的事业，成为雕刻工匠，后来成了哲学家。在前432年的波提狄亚战役中，他的英勇无畏博得众人的称赞。虽然从未著书立说，但苏格拉底已然成为当时雅典富家子弟的启蒙大师。对于希望与他交流的人，无论是谁，苏格拉底都愿意满足他。提问（主要是反问）是他最常用的谈话技巧，他希望通过提问来引导人们开窍（他称之为"灵魂的分娩"），发觉自己的矛盾之处（通过辩证法），进而意识到先前思想中的错误之处。

叙利亚王子、罗马执政官菲洛帕波斯的纪念碑（hurricane 供图）

正如人们预料的那样，这种谈话方式只能得到朋友的赞许，更多情况下则容易与人结怨。苏格拉底言语犀利，时常就勇气与智慧等敏感话题攻击别人——在他人眼中，这可是莫大的侮辱。关于苏格拉底对话中这样的嘲讽之语，我们在亚里士多德提供的证据中可窥见一二。前399年，苏格拉底被指控腐蚀青年思想，对希腊神灵心怀不敬，被判饮毒自尽。他采用理性思想而非神灵崇拜来解释宇宙的做法引起了那个时代希腊人的不悦。在刑前遗言中，苏格拉底请求一位朋友以他的名义为健康之神献祭！

柏拉图曾跟随苏格拉底学习8年，正是柏拉图留下的文字让我们得以了解苏格拉底的思想。柏拉图生于前427年前后，出身于一个贵族家庭。他在雅典创办了自己的学校——柏拉图学院。学院位于逃往厄琉息斯路上的一处园地——据说这是传奇英雄阿卡德莫斯（Académos）在弥留之际赠给雅典人民的。为了纪念他，柏拉图将自己的学校命名为"Academy"（这就是英语中"学院"一词的由来）。在这里，柏拉图向他的学生们阐述他对于理念的定义以及哲学教义的思考。柏拉图学院本在雅典城的防御城墙之外。可惜的是，随着现代雅典的快速发展，原址早已被摩登建筑层层覆盖，考古发掘工作无从下手，因而今人对这座负有盛名的学府不甚了解。

哈德良拱门（Bull's Eye Arts 供图）

柏拉图学院

前347年或前348年，耄耋之年的柏拉图与世长辞。在他看来，人需要经历一系列的辩证提问与开窍（"灵魂的分娩"）才能领悟真理。若要问柏拉图最杰出的学生是谁，亚里士多德（前384—前322年）无疑是最佳人选。后来，亚里士多德成为亚历山大大帝的启蒙老师，他的思想深刻影响着中世纪西方哲学的发展。

雅典的街道

对古雅典人来说，房屋是生活的次要需求。女性甚至将房子戏谑地称为"白色监狱"，因为她们很少有机会迈出家门。在那个时代，只有女裁缝不被限制在家中活动。

古希腊房屋的建筑材料多为木材，外用夯土加固；有时也会先用石块堆砌，然后将空心砖贴在外侧。雅典人还会砌石灰墙。平顶式屋顶，即基克拉迪斯式屋顶，比倾斜式屋顶或双面披坡式屋顶更为常见。富裕人家的瓦片末端还会有动物或者是人形小雕塑作为装饰。大多数人家都设有蓄水池，以便收集雨水。

通常情况下，居住的房屋建在院子四周，院子中心则是一个祭坛。希腊人发明了马赛克镶嵌技术，常用马赛克装饰地面，尤其是凹凸不平的土地。屋内的墙壁则会涂抹上熟石膏。有钱人会用色彩鲜艳的挂毯作为装饰，一般人家会将瓶瓶罐罐或是日常工具挂在墙上，作为简单的装饰。起居室和厨房位于一层，卧室在二层。男女要分开居住——男人有男人的聚集处，女人有女人的会合区。城市里人口众多而空间有限，很多穷人或无处可去的人都只能以天为被，以地为床。雅典城的大街小巷弯弯曲曲，意外频发，且因居民随意丢弃在街上的生活垃圾而脏乱不堪。因付不起房租而被迫搬家是雅典人的家常便饭。

富人大多雇有奴隶，让他们在田间、矿下劳作。主人教育自己的子女，监督奴隶们做工。

那么，古希腊人的饮食又是什么样的呢？那时人们主要以粥为食，配有大麦面包、奶酪、鱼、蛋、蔬果等；人们很少食用肉类，因为价格昂贵。古雅典人喜欢斜躺着吃饭，用手直接取用食物；男性与女性不得在一处用餐。女人只有在打水、看望父母或亲友时才被允许出门。在一个家庭中，丈夫负责管理家庭事务及外出采购，妻子则承担一应家务，包括为家人做饭、编织衣物、打扫房屋等。

古希腊时期的每个城邦都有自己的专用货币。硬币两面印有神灵、统治者或者动物的画像。雅典硬币便是如此。有人将雅典硬币叫作"小猫头鹰"币，因为硬币的背面刻有雅典娜的象征物——猫头鹰。货币出现以前，古希腊人采用物物交换的方式获取稀缺的铁与锡。后来，随着货币的出现与普及，铁锡贸易也越发蓬勃。

古雅典街景，远处是帕提侬神庙

古希腊的陶器艺术

　　古希腊陶器可谓古代世界最负盛名的陶器之一，也因此成为出口最多的陶器之一。雅典陶泥质地极优。商人常以陶器作为交换，获取金属、谷麦和食物。陶器还是保存油、酒及各类食材的优质容器。古埃及人和伊特鲁里亚人喜欢使用油膏软脂，陶器正是保存它们的上好容器。古雅典人最初用黑漆在红色泥胎上描绘装饰纹样。后来，他们先将红色泥胎涂上黑漆，再通过刻画的方式使陶器本身的红色露出，以此得到色彩鲜艳的图案。黑漆的主要成分是氧化铁。除了黑、红两色，蓝、紫、白、黄四色也运用在陶器绘制之中。艺术家在绘制完毕后会在泥胎上签名，然后由陶器工匠将其放置在阳光下晒干。待泥胎中的水分完全蒸发，再用高温将其烧制完成。

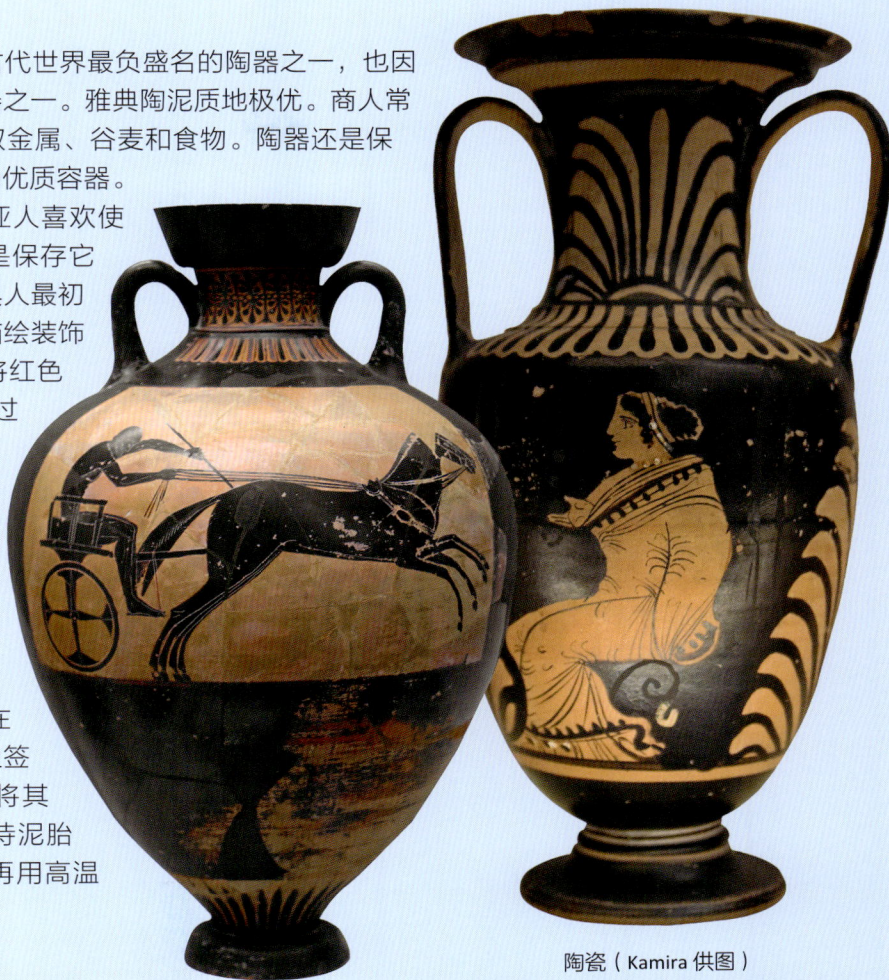

陶瓷（Kamira 供图）

陶器作坊与商铺

城墙外的"哲学家园地"将雅典贤哲会聚一堂

雅典周围

雅典人推崇神祇，尊重逝者，重视社会发展，并借此创造了许多事物。以社会发展为例，雅典人创造了"民主"这一概念。

普尼克斯山

普尼克斯山位于雅典卫城西侧，雅典周围7座山丘中的一座，是古代雅典城邦公民大会的召集之处。在伯里克利执政的黄金时期，约18000名雅典市民常常在此举行集会，这大概也是"普尼克斯"的由来——Pnyx，意为"密集的人群"。小山上有一块岩石平台，人们凿出了一个演说台，四周立起栏杆。克里斯提尼、地米斯托克利、伯里克利、德摩斯梯尼等众多演说家都曾在此发表演讲。那是迈向直接民主的第一步。

僭主庇西特拉图时代（约前561—前527年）结束后，主政者克里斯提尼创立了公民直接参与城邦事务的新制度。起先，人们在普尼克斯山的岩石间辟出一片空地作为集会之地。前5世纪，雅典人在空地南侧修建演讲台，台前是两个宽达3.9米的台阶。

有人认为，演讲台后高1.1米处曾修有一个宙斯祭坛。进行议事会之前，与会者须先在此举行宗教祭祀仪式。前433年，天文学家梅特龙将一个日晷安放于此。

斯基泰弓箭手会在从雅典广场通往普尼克斯山的道路上拉起涂有红色颜料的绳索，以便敦促公民们抓紧时间前去开会。身上沾了红色颜料的公民将无法领取发给参会者的津贴——最初为每日2欧宝，后来变成3欧宝，在前4世纪后期增加到1德拉克马，集会的法定参与人数为5000人，很少

有集会能超过这一数字。每位公民的发言时间由水钟控制计算。根据要求，每位与会者都须头戴香桃木枝环。

开会时间一到，普尼克斯山上的会场里便是一片热闹喧嚣的壮观场面。

雅典的民主并非今日我们所熟知的民主。前5世纪的雅典城共有25万名居民，但只有大约3万人拥有公民

陶工区遗址，古雅典的墓地之一（Pauline 供图）

身份。这其中，定期出席公民议会、集会的只有约5000人。亚里士多德时代，雅典城每年组织至少40余场集会。

为了尽可能民主，雅典人通过抽签决定大多数公职人员及陪审团成员的人选。那时的人们普遍认为，抽签模式更为民主，因为在投票选举中，富人、名人或权贵肯定比普通公民更具优势。只有10位将军是通过投票选举产生。

城邦的日常事务管理由五百人议事会负责，其成员通过抽签的办法轮流任职。他们的行政办公楼——议事会厅就矗立在广场上。每位公民一生中只可担任两次议员。

古雅典的选举资格与今日不同：只有父母均为雅典人的成年男子才有资格参与议事会；女性，即使是拥有纯正雅典血统的女性，也跟异邦人一样无权参与。可以说，彼时的雅典城邦政府是一个只对男子开放的封闭"俱乐部"。

陶片放逐法由雅典政治家克里斯提尼创立，以10年为期流放政客。地米斯托克利是被雅典人以陶片放逐的最为显赫的人物。投票时，选民在陶器碎片的平滑处刻写"心仪人选"。雅典法律规定，放逐投票须达到6000人的法定人数方能生效。这一独特的投票制度可以帮助雅典摆脱那些野心勃勃或过于强大的政治家独裁统治，消除内乱的苗头。前5世纪末，雅典人决定采用法治方式处理这些问题，陶片放逐法遂被公民法庭取代。

普尼克斯——民主的摇篮

普尼克斯山上的公民大会

在陶工区遗址中发掘的米卡与迪昂的墓碑
（Lefteris Papaulakis 供图）

古墓小路

古希腊人将墓地设在城外，这是自7世纪以来流传下来的习惯。墓地通常分布在道路两旁，便于人们前往。

雅典古老的街区之一——陶工区距主城门狄庇隆门不远。陶工区，顾名思义，这里曾经是陶瓷工匠聚集工作的地方。雅典最著名的墓地便位于此地。古墓小路成形于前394年，90米长的小路两侧布满墓穴。墓的形式很多样，有祠堂、墓碑、石板、石棺，有简单的奴隶墓，还有一片专安葬无家之人的区域。只有富庶的家庭才能拥有真正的墓地。身后事是雅典富人非常重视的事，他们为去世亲人修建的纪念建筑奢靡豪华，直到前317年，法勒鲁姆的德米特里颁布了一纸法令，兴建此类豪华墓地的做法才有所收敛。

伯罗奔尼撒战争爆发的第一年，伯里克利正是在这条小路上发表了阵亡将士国葬演说。根据古希腊史学家修昔底德的记载，当年伯里克利的那场演讲是当之无愧的名场面。

小路南侧就是索里库斯城吕萨尼阿斯的墓地。今日，人们依然可以在圆拱形高墙上看到吕萨尼阿斯之子德克西雷欧斯的墓碑。他曾是军队的副官，在前395年的科林斯战争中牺牲，时年20岁。1861年，人们在重建雅典与港口的联通工程时对该地区进行了考古发掘，发现了叠建在同一地点的几个墓穴。人们可以在考古博物馆里看到相关展览。狄庇隆门附近还有一处宽阔建筑"庞贝厅"，那是筹备泛雅典人节的游行之处，也是游行的起点。

泛雅典人节

祭祀保护神雅典娜是古雅典人日常生活的重要组成部分。为此，他们在卫城高处建造了帕提侬神庙，并设立了公共节日——泛雅典人节。泛雅典人节，法语中为"Panathénées"，意为"所有雅典人"。泛雅典人节于每年7月底举行，每4年举办一次"大泛雅典人节"。

节日一般持续6~9天，其间进行多种文体活动，如苏尼翁海角的三列桨战舰赛、帆船赛等体育竞技赛事，以及诗歌和音乐比赛、战舞表演等文艺活动。获胜者将获得盛满雅典娜橄榄油的双耳瓮。陶瓷上绘有黑色人形，既代表体育运动，也象征着女神雅典娜的侧影。

节日的最后一天是巡游。巡游队伍从陶工区出发，穿过广场，沿着神圣之路走向卫城。走在巡游队伍前列的是祭司、审判官和同盟城邦的代表，后面是普通公民、骑马的青年男子、妇女和居住在雅典的外邦侨民。巡游结束，人们来到帕提侬神庙的入口处，祭杀100头牛——这也是古雅典历法中赫卡托姆拜昂月（古希腊语意为"百牛"）这个月份的名称由来。

巡游的最终任务是献给女神一件新佩普洛斯。这件佩普洛斯由挑选出的雅典善女在其他女孩的协助下编织而成——这是城市团结的体现。可以说，泛雅典人节既有宗教属性，又有艺术属性。

根据传说，雅典娜还会收到另一件由专业织工编织的大佩普洛斯——足有船帆那么大。人们将这件佩普洛斯挂上船的桅杆，在船底安上轮子，将船拉过城邦，直至卫城脚下。最后，这件佩普洛斯会披在雅典娜神像上，或挂在帕提侬神庙中。城邦之神雅典娜神像的尺寸的确可以证明，一位前5世纪的诗人向我们提供的这种说法是可能成立的。

出自菲迪亚斯之手的帕提侬神庙泛雅典人节浮雕饰带，无疑是表现该节庆场面的最美作品。所有参与元素都被展示于其中：骑兵、战车、审判官、音乐家、运送祭品与陶瓶者、善女、祭司、英雄和神祇。不幸的是，如今大部分浮雕饰带都散落在各个博物馆中。

古希腊宗教是一种多神教，崇拜十二主神及其他小神和英雄。雅典广场上矗立着十二主神的祭坛，帕提侬神庙内不仅供奉着本土神灵，也有来自其他文化的神祇。

宗教，不仅是信仰的代名词，也是一种仪式、一种习俗的体现。古雅典文化中的宗教不设等级制度，更没有官方的宗教机构或组织。完成仪式、继承习俗的目的都是希望得到神祇的庇护。正因如此，古雅典人非常推崇宗教历法。而正如前文所言，在这套历法中，泛雅典人节——现代公历中的7月——标志着雅典一年的开始。

厄琉息斯仪式、泛雅典人节和各种狄俄尼索斯节等都是古雅典文化中极其重要的节日。此外，4月还有"圣洗节"（Plynteries）：人们把古老的城邦之神雅典娜木制雕像带至法勒鲁姆港，将披着佩普洛斯的雅典娜浸入海水中。这一仪式象征着城邦的净化。

陶工区墓地遗址（Krechat 供图）

雅典墓地

泛雅典人节场景：一条装有轮子的船被拉往卫城。船帆便是献给保护女神、城邦之神雅典娜的佩普洛斯祭品

雅典的其他方面

雅典长城建造完成之后，希腊人开始积极开展各类纪念性建筑的建设，其中一部分是为了奖赏最优秀的文化活动资助者。罗马统治时期，许多建筑专为科学研究而建。

风之塔的建筑细节（Anastasios71 供图）

风之塔

前86年，罗马人苏拉率领军队攻克雅典，雅典城失去了自己的城墙。罗马人对雅典广场进行扩建，新修了几座建筑，其中就包括白色大理石八角形建筑——风之塔。塔的八面代表八面风。该塔建于1世纪，由叙利亚建筑师、天文学家安德罗尼库斯·库瑞斯特斯设计而成，曾被用作滴漏、日晷甚至风向标。金字塔形塔顶上还有一个青铜叶形的饰物，今天已看不到了。这座塔逃过了土耳其人的魔爪，是因为他们认定这里是苏格拉底和柏拉图两位先知的长眠之地。18世纪时，风之塔被"旋转的苦行僧"——梅夫拉维教团征用作修道院。

风之塔高约12米，直径大约8米，建在一个平台上，呈三层结构。塔西北侧和东北侧的两个入口分别位于两个科林斯柱底端。在塔的南侧，一道墙围成近似圆形的空地：这里曾是蓄水池，用于推动水力时钟——滴漏的运行。水来自卫城另一侧的一眼泉——水钟泉。风之塔坐落在雅典广场一侧，时时向路人报时。

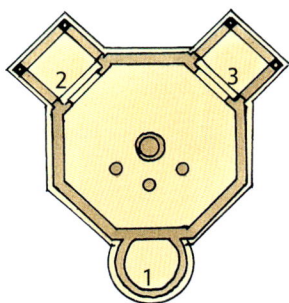

风之塔结构示意图
1. 古蓄水池
2. 西北入口
3. 东北入口

风之塔（Georgios Alexandris 供图）

风之塔剖视图

在大多数古代族群眼中，风是有人格的，有神力的。希腊神话中，埃俄罗斯将风控制在伊奥利亚群岛上，依据宙斯或海神波塞冬的命令施风。古希腊人定义四位风神：北风之神波瑞阿斯、南风之神诺托斯、东风之神欧洛斯、西风之神仄费罗斯。后来，神话中还曾出现8种甚至12种风神。

风之塔8个侧面的中楣上绘着这样8位风神：吹奏海螺的北风之神波瑞阿斯；正在清除结满冰块的盾牌的东北风神开喀阿斯；衣上满是瓜果与谷穗的东南风神阿珀利俄忒斯；身披大斗篷的老人，东风之神欧洛斯；正在倾倒瓮罐的南风之神诺托斯；手持类似鸟羽的木质装饰品（常放于船尾）的西南风神利普斯；口吐春花的年轻人，西风之神仄费罗斯；最后是西北风神斯基戎，花瓶傍身的他能预言洪水即将到来。塔的八边形设计总会令人想到叙利亚的多边形陵墓。在塔右侧的东柱廊后面有3个拱廊，沿着廊下台阶、柱廊走到尽头，另一栋建筑出现在眼前——这是一处皇家圣所，始建于前1世纪。

雅典长城

前480年，雅典在萨拉米斯海战中击败波斯，将军地米斯托克利开始着手恢复雅典城邦和港口的防御工事。为了防止城邦在战争中沦为孤地难以求生，雅典人决定修建一道长长的加固通道，将雅典城与比雷埃夫斯连接起来。约前460年，北长城和通往法勒鲁姆港的长城开始修建。前445年，一条与北长城平行、位于前两条长城之间的第三条长城竣工。这条长城起于比雷埃夫斯，止于普尼克斯。在这段历史中，地米斯托克利的流放并未影响雅典发展的步伐。客蒙和伯里克利沿着他的脚步，进一步拓展雅典势力。长逾6000米，宽达160米的雅典长城保障了雅典人的生活和雅典城的活力。

雅典长城的修建十分仓促，这也解释了为什么后人曾在这条通道中发现过廊柱柱头和雕塑碎块。

前405年的羊河战役中，斯巴达海军击败雅典舰队，围攻雅典城。第二年，雅典投降。斯巴达人拆除了比雷埃夫斯的城墙和部分长城，扶持寡头政权上台。不过，这一政权只存在了一年就被推翻。前295年，有"城市征服者"之称的德米特里一世在缪斯山（又称菲洛帕普山）与第三条长城的交会之处修建了一座堡垒。

风之塔

三足鼎路（Allée des tripodes）

三足鼎路始于雅典市中心，止于狄俄尼索斯剧场。这一路名源于这条街上的三足鼎，每一尊鼎都致敬一位优秀的捐助者——每逢节日，城中富绅都可以选择资助一个唱诗班，指导他们参加比赛。最终，资助获胜唱诗班的那位富绅将获得向狄俄尼索斯进献的殊荣。时至今日，仅有一处纪念建筑能寻到踪迹：李西克拉特音乐纪念亭。该亭建于前335年或前334年，以采自潘特里克山的大理石为材，由方形的基座和圆形的实心亭组成。亭顶呈穹形，是为了放置青铜制的狄俄尼索斯三足鼎（合唱队在音乐节上的奖品）。放置鼎的柱头以莨苕叶纹样装饰。亭身四周有6根科林斯式倚柱，中楣浮雕上刻画着一则与狄俄尼索斯有关的神话故事：坐在岩石上、身边簇拥着萨堤尔的狄俄尼索斯一边抚摸着萨堤尔黑豹，一边惩罚第勒尼安海的海盗，将他们变为海豚。17世纪末，纪念亭被并入嘉布遣会

修道院使用——英国诗人拜伦正是在这里写下了爱情诗《雅典的少女》，法国诗人夏多布里昂也曾在此居住。李西克拉特音乐纪念亭表明，纪念性建筑不再是简单的装饰性建筑。细心的人也许会注意到，这座纪念亭与在古城克珊苏斯发现的海中仙女碑像有些相似之处。

嘉布遣会修道院在希腊独立战争中受损，后由法国政府出资将其修复。直至今日，修道院依然属于法国。与纪念亭有关的还有一个小故事：拿破仑曾命人在巴黎近郊的圣克卢公园中修建了一座德摩斯梯尼塔楼，这座塔便是仿照李西克拉特音乐纪念亭所建。不幸的是，这座塔楼在1870年的普法战争中被摧毁了。

纪念合唱比赛的三足鼎路

李西克拉特音乐纪念亭（imagedb.com 供图）

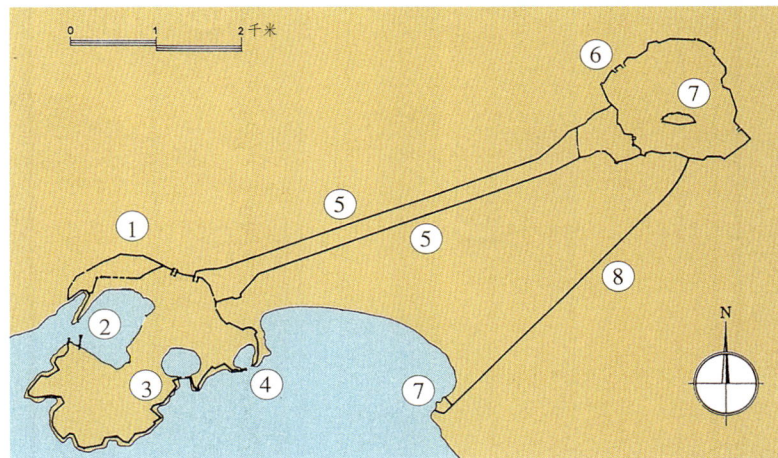

雅典及周边简要地图

1. 比雷埃夫斯
2. 康塔罗斯港
3. 基亚港
4. 穆尼基亚
5. 北侧长城
6. 雅典
7. 雅典卫城
8. 法勒鲁姆城墙

连接着雅典城与比雷埃夫斯的长城

比雷埃夫斯

古希腊时期，雅典对当时世界发展的影响深远绵长。若问及古雅典的繁荣之源，贸易一定是最重要的因素。进出口是通过港口进行的。而规模最大、名声最盛的港口就在雅典——比雷埃夫斯港。

前5世纪以前，雅典周边沼泽众多，雅典人喜欢普拉斯亚、索里库斯和法勒鲁姆海港，传说中，忒修斯就是从法勒鲁姆港出发，前往克里特岛。那时，雅典的海运实力还远不如科林斯和埃吉纳这两个城邦。

前5世纪，扩充了雅典海军的地米斯托克利兴建了比雷埃夫斯港。继任者客蒙与伯里克利实现了地米斯托克利对雅典发展所做出的规划，修建雅典长城，按照以方格网的道路系统为骨架，以雅典广场为中心的"希波丹姆[1]模式"规划城市布局。

古雅典人最初的想法是将比雷埃夫斯建成一个自由商业港口。他们修建了5个市场和1个仓库贮存谷麦，又修建了广场、剧院和神庙。前5—前4世纪是比雷埃夫斯港的鼎盛时期，以至色诺芬[2]宣称雅典的一切都归功于它的港口。从雅典到比雷埃夫斯，从比雷埃夫斯到雅典，频繁往来成就了古雅典的繁华，彼时城邦的国际化丝毫不逊于今日之盛况。不同族群、文化与宗教在此交融。大批水手、商人及异邦人都在比雷埃夫斯半岛上居住。外乡移民中的大多数来自色雷斯、斯基泰或东方殖民地。

那时，包括小麦在内的货物运输都受到严格管制，入港的每只船舶都须缴税。交易均在市场主厅进行。一些商人在博斯普鲁斯海峡（又称"伊斯坦布尔海峡"）设有代理商，甚至还有航海家曾从印度带回几头大象。

比雷埃夫斯不仅是个大型贸易港口，这里还驻扎着一支强大的海军舰队。雅典海军建立之初使用三列桨战舰，后又陆续配备了四列桨战舰与五列桨战舰。这支舰队成为守护雅典的中坚力量。比雷埃夫斯有三处海湾：康塔罗斯、基亚（今称帕查利玛尼）和穆尼基亚，都设有供战舰休养的船棚。前6—前5世纪，雅典人发明了室内船坞，这一模式被罗马人沿用下去。据希罗多德记载，这些船坞的角度都略微倾斜，以便船只靠岸停泊。

希腊世界的第一座船坞或许是由波吕克拉底于前530年在萨摩斯岛建造的。第二座船坞竣工于雅典。接着，希腊其他地区也都有了船坞。古罗马历史学家阿庇安对迦太基港的描述让后人得以了解这类船坞的具体结构：顶部呈倾斜状，每一片棚顶覆盖着相邻的两个船坞。船坞后有一道竖墙，墙与船坞之间留有一条通道。船坞里，一排排棚柱将船坞划分为不同空间。以基亚港口为例，那里的船坞是在岩石上凿刻出的，宽6米，长37米，深0.8米，合理的结构布局有利于船体的通风干燥。基亚港北侧的船坞遗址保存最为完好。港口能容纳372艘船，船坞内的结构布局经过精心设计，保障船只能够迅速投入使用。不过，这些战舰的使用寿命很短，因为它们十分脆弱。冬天，船只会被拖至干燥的船坞进行维修。船体上涂有松脂、蜡和釉漆以防被腐蚀。维修船只的材料都存放在船坞之下。正因如此，雅典人十分忌惮火灾。

在吕库古主持下，雅典建筑师菲隆于前346—前329年设计建造了雅典水军军械库。

比雷埃夫斯海滨（r.nagy 供图）

【1】希波丹姆，前5世纪古希腊繁盛时期的著名建筑师。他提出了城市建设的"希波丹姆模式"，在米利都城的重建工程中完美体现，有"城市规划之父"之称。
【2】色诺芬（约前430—前355年），雅典作家、历史学家，曾师从苏格拉底，以记录当时的希腊历史和苏格拉底语录著称。

前404年，吕山德[1]指挥斯巴达海军战胜雅典舰队，随后扶持三十僭主集团上台，拆毁了比雷埃夫斯的城墙和部分长城，并强制毁掉了三列桨战舰的停泊处。但一年之后，当特拉西布尔在雅典重建民主时，比雷埃夫斯居民率先站出来助他一臂之力。

前394年，雅典海军统帅科农在克尼多斯海角附近大胜斯巴达海军。随后，他重修长城工事与军械库，并命人在克尼多斯海角为顺航女神阿佛洛狄忒建了一座神庙。前322—前229年，马其顿人将比雷埃夫斯的穆尼基亚堡垒作为屯驻地，后将这里卖给了阿凯亚同盟首领、西库昂的阿拉图斯。前86年，比雷埃夫斯遭到罗马军队的毁坏，此后，逐渐沦为一个无足轻重的小渔村。1830年，希腊共和国成立，比雷埃夫斯再次焕发生机，成为希腊的重要港口。

远眺比雷埃夫斯港，照片前景为雅典卫城（Kaetana 供图）

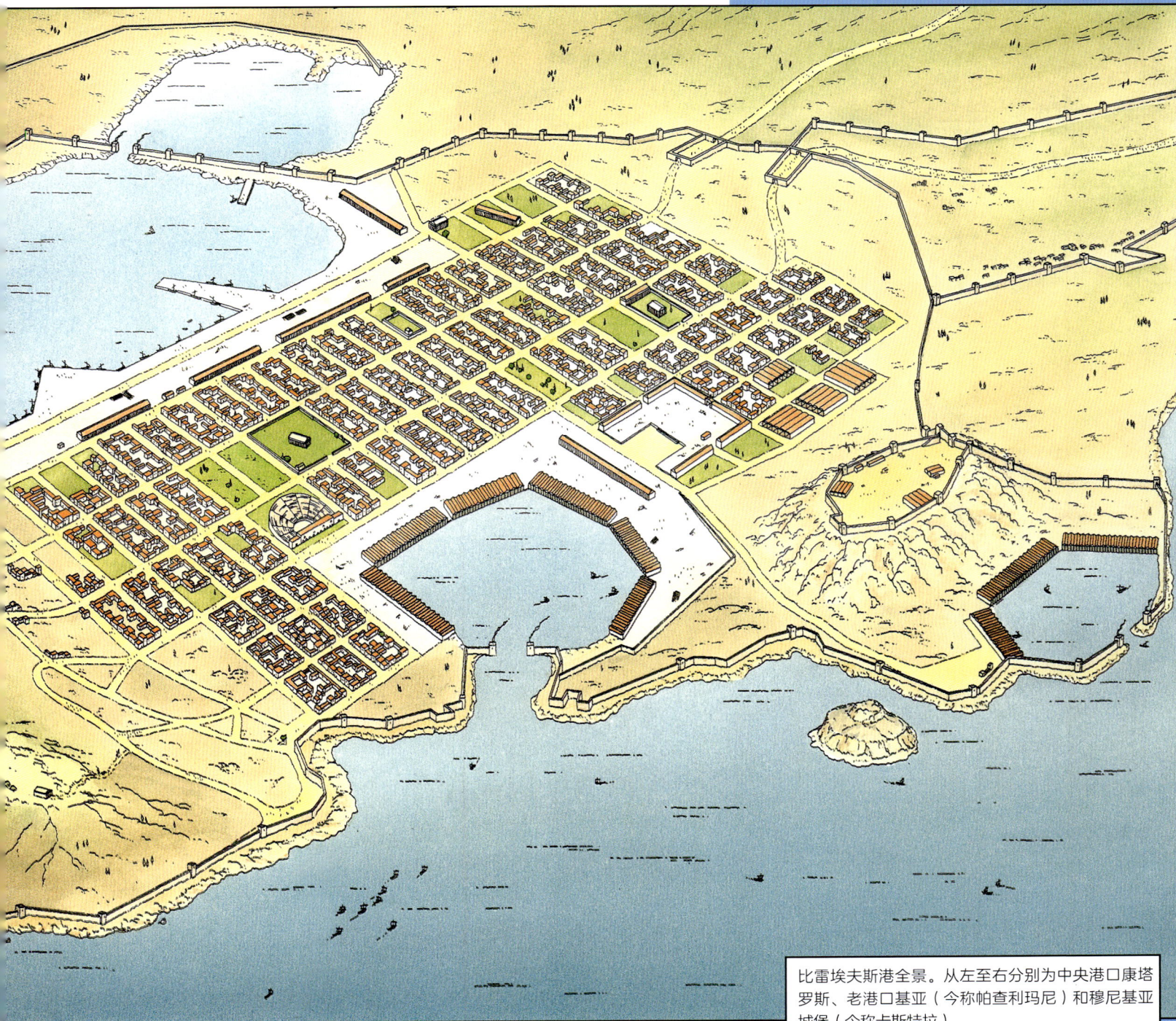

比雷埃夫斯港全景。从左至右分别为中央港口康塔罗斯、老港口基亚（今称帕查利玛尼）和穆尼基亚城堡（今称卡斯特拉）

康塔罗斯港

基亚港的船坞

基亚港的入口，岸上是穆尼基亚城堡

人物与服饰

具体介绍

1：赫菲斯托斯。宙斯与赫拉之子，火焰和火山之神。他是诸神的铁匠，阿佛洛狄忒是他的妻子。

2：阿瑞斯。战神，罗马神话中与之相对应的是玛尔斯。阿瑞斯通常的形象是一只鹰鹫。

3：阿耳忒弥斯。阿波罗的姐姐，是月亮之神，是狩猎、动物之神，也是接生神。

4：赫尔墨斯。商业之神，死者之幽灵的引领者。传说他发明了字母。

5：赫拉。宙斯之妻，生育与婚姻之神，通常的形象是百合、母牛和鸽子。

6：阿斯克勒庇俄斯。阿波罗与科洛尼斯之子，医神。阿斯克勒庇俄斯的后代子孙传承了先人的精湛医术，希波克拉底就是这其中著名的一位。

7：阿佛洛狄忒。爱与美之神，罗马神话中与之相对应的是维纳斯。

8：赫斯提亚。宙斯的姐姐，守护家庭的灶神、圣火之神，罗马神话中与之相对应的是维斯塔。

9：头戴葡萄藤环的男子，正在祭祀狄俄尼索斯。

10：正在磨刀的理发师。

11：手持摘杆的橄榄农。

12：身穿短希顿[1]，头戴蒙面罩的养蜂人。

13：正在打造硬币的造币人。

14：正在向街角半身雕像致敬的年轻女孩。

15：修鞋的皮匠。

16：荷马。伟大的诗人、作家，《伊利亚特》的作者。

17：希罗多德。历史之父，著有记载希波战争的史著九卷，身着亚麻质地的希玛纯[2]。

18：索福克勒斯。悲剧作家，剧作多以神话和王庭生活为主题。

19：欧里庇得斯。悲剧作家，剧作多以伯罗奔尼撒战争为题材。他在悲剧创作时引入许多重要的创新之举，给日后法国传统悲剧的发展留下了深刻影响。

20：苏格拉底。哲学家，晚年被判饮毒自尽。他的事迹与学说主要是通过他的学生柏拉图

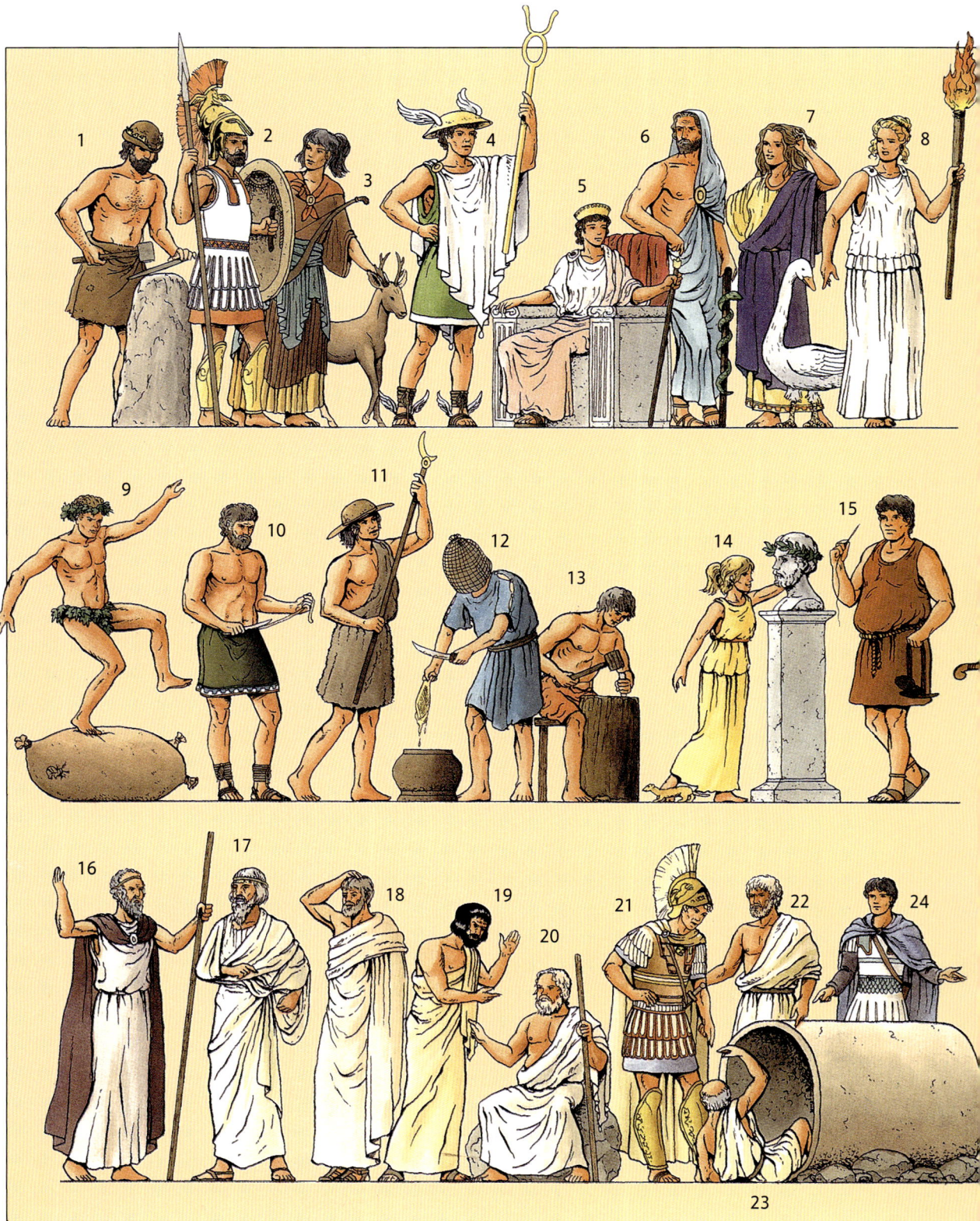

【1】古希腊男子穿的一种贴身长袍、长袖衣，他们出门时，外面再穿上外衣。

【2】希玛纯是一种古代希腊男女都穿的披身式长外衣。

的记载而流传至今。

21：亚历山大大帝。马其顿国王，腓力二世与奥林匹亚丝之子。

22：亚里士多德。哲学家、亚历山大大帝的老师。

23：第欧根尼。哲学家，蔑视财富与社会旧习。

24：亚历山大大帝的骑兵军官，皇家骑兵队的成员。

25：毕达哥拉斯。哲学家、数学家。他主张数是万物之源，万物之本。

26：希波克拉底。医生，著有53部医书，是临床观察第一人。直至今

日，医生们还会缅怀他的精神，遵奉《希波克拉底誓言》[1]。

27：伯里克利。城邦执政官、民主派领导者，身着亚麻质地的希玛纯。

28：阿斯帕齐娅。伯里克利的情妇，她的智慧与才能（尤其在政治领域）令伯里克利赞赏不已。

29：审判官。身着亚麻质希玛纯，上披左肩。

30：德摩斯梯尼。古雅典政治家，雄辩才能卓越，猛烈抨击反对马其顿国王腓力二世的帝国主义。

31：戴着粗项链、橄榄叶环，身穿希顿的祭司。

32：投票箱，选民们可将选票或陀螺放入箱中。

33：阿玛宗人。古希腊人传奇般的敌人，衣着受斯基泰人[2]服饰影响。

34：古希腊重装步兵，其盾牌上绘有所属部族的徽章。

35：头戴檐帽，身着胸甲的古雅典骑兵。

36：古雅典骑兵（前430年）。

37：古雅典前哨骑兵。

38：古雅典轻装步兵，他们配合骑兵作战（前349年）。

39：身着半透明短希顿的古雅典士兵。

40：希腊古典时代末期的重装步兵（前325年）。

41：斗鸡赌客，常见于雅典广场。

42：古雅典人用一把铜质刮刀刮去身上的尘土与油脂。

43：御者。身着长丘尼卡[3]，挽起的袖子由一根布带固定，以防滑落。

44：正在锻造头盔的冶金工人。

45：正在准备参加戎装赛跑的古雅典人。

【1】《希波克拉底誓言》是医学家希波克拉底警诫人类的古希腊职业道德的圣典，是距今约2400年以前希腊伯里克利时代，向医学界发出的行业道德倡议书，是从医人员入学第一课的重要内容，也是全社会所有职业人员言行自律的要求，要求正式宣誓。
【2】斯基泰人也译为西古提人、叔提雅人、西徐亚人或塞西亚人，希腊古典时代在欧洲东北部、东欧大草原至中亚一带居住与活动的游牧民族，他们的领土被称为"斯基提亚"。古代波斯人称之为"塞克人"。
【3】古希腊的一种长袍。

帕提侬神庙

帕提侬神庙坐落在雅典卫城高处，为了歌颂雅典战胜波斯侵略者的胜利而建，内供奉着雅典城邦的守护神雅典娜（雅典娜别名"帕提侬"，意为"贞女"），是古典时代规模最为宏伟的神庙。帕提侬神庙建于前447—前439年，是伯里克利时期诸多建设工程中的一项，同时也是最成功的典范，是雅典发展至鼎盛时期的重要标志。

帕提侬神庙内曾放置一尊用黄金与象牙镶嵌的雅典娜女神像，由著名雕塑家菲迪亚斯打造。不幸的是，后来这尊雕塑不知所终，无处可寻。

实用信息

地址：Parthénon, Acropole, Athènes。

票价：成人12欧元/人，欧盟老年人及欧盟外学生6欧元/人。套票包括雅典卫城、古代广场、凯拉米克斯考古博物馆、哈德良图书馆、陶工区考古遗址、雅典古市集博物馆、奥林匹亚宙斯神殿、雅典古罗马市集以及卫城南坡。

开放时间：周二至周五：08:00—17:00；周末及节假日：08:00—15:00；周一、1月1日、复活节、5月1日、12月25日、26日闭馆。

卢浮宫

卢浮宫内古希腊、伊特鲁里亚及古罗马文物部收藏了这三种文明的珍贵古物，讲述了整个地中海艺术文明发展之旅。展览的一大特色是将古希腊与古罗马历史相融合，辅以17世纪和18世纪的雕塑作品为点缀。

实用信息

地址：Le Musée du Louvre, 75058, Paris

票价：成人15欧元/人，未满18周岁者、未满26周岁的欧盟居民、求职者、残疾人免票；每月第一个周六18:00—21:45和每年7月14日免费开放。

开放时间：周一、周四及周末：09:00—18:00；每周三和周五：09:00—21:45；周二、1月1日、5月1日和12月25日闭馆。

联系电话：+33 (0)1 40 20 53 17。

更多信息：www.louvre.fr（有中文界面）。

雅典卫城博物馆

雅典卫城博物馆坐落于卫城山丘上，海拔800米。博物馆收藏了所有在雅典卫城中发掘出的文物，将前5世纪时期的希腊艺术展现在人们眼前。丰富的藏品讲述了最早定居在卫城山脚下的先人们的生活以及最早修建的神庙。在这里，自然光线完美还原了古雅典时期的环境与氛围。游览者不仅能近距离欣赏来自几千年前的古物，还能真切地体会这处遗迹的历史沧桑。

实用信息

地址：Dionysiou Areopagitou15,11742 Athènes。

票价：成人5欧元/人，欧盟老年人及欧盟外学生3欧元/人，欧盟学生及未满18周岁者免票。

开放时间：淡季（11月1日至次年3月31日）：周二至周四09:00—17:00；周五09:00—22:00；周六和周日09:00—20:00。旺季（4月1日—10月31日）：周二至周四08:00—20:00；周五08:00—22:00；周一、1月1日、复活节、5月1日、12月25日、26日闭馆。

联系电话：+30 210 9000900。

更多信息：www.theacropolismuseum.gr。

雅典国家考古博物馆

希腊规模较大的博物馆之一，全希腊近2万件艺术珍品云集于此，尤其是19世纪对雅典周边进行考古发掘时发现的古物。从史前文明到古典末期，丰富的馆藏绘制了一幅鲜活而直观的古希腊文明发展史图。

博物馆设有5个常设展：史前展、雕塑展、陶器展、青铜器展、古埃及与古近东展。

实用信息

地址：44 Patission, 10682 Athènes。

票价：成人7欧元/人；欧盟老人及欧盟外学生3欧元/人；未满18周岁者和欧盟学生免票。

开放时间：周一：13:00—20:00；周二至周日：08:00—20:00；1月1日，3月25日，复活节，5月1日，12月25日、26日闭馆。

联系电话：+30 213214 4800。

联系邮箱：eam@culture.gr。

更多信息：www.namuseum.gr（英文）。

五十周年纪念博物馆

博物馆古代文物部收有大量精美陶器文物，从新石器时期到希腊化时代，游览者可据此探索曾绽放在希腊土地上的灿烂文明之花。众多展品中，前4—前5世纪的雅典陶器最为引人注目，如古希腊红绘彩陶画大师多里斯绘制的康塔罗斯酒杯、斯米克罗斯绘制的斯达摩斯陶瓶等。除此之外，馆内的石质、玻璃质和瓷质器物见证了爱琴海地区在希腊化时代的新特征。

实用信息

地址：Musée du Cinquantenaire, Parce du Cinquantenaire, 10, 1000 Bruxelles。

票价：成人10欧元/人；未满18周岁者、学生、老人、团体及持布鲁塞尔卡者4欧元/人；学生团体、失业者及残疾人1.5欧元/人；家庭参观时未满12周岁者免票；每月第一个周三13:00后免费开放；临时展览票价另定。

开放时间：周二至周五：09:30—17:00；周六和周日：10:00—17:00；周一、1月1日、5月1日、11月1日、11月11日和12月25日闭馆。

联系电话：+02/741.72.00。

更多信息：www.kmkg-mrah.be。

图书在版编目（CIP）数据

雅典 /（法）雅克·马丁著 ；甄权铨，郎久英，尹明明译. — 北京 ：北京出版社，2024.5

（时光传奇）

ISBN 978-7-200-17297-3

Ⅰ．①雅… Ⅱ．①雅… ②甄… ③郎… ④尹… Ⅲ.①雅典（古国）—历史—青少年读物 Ⅳ．①K125-49

中国版本图书馆CIP数据核字（2022）第115834号

北京市版权局著作权合同登记号：01-2022-2351

责任编辑：王冠中　米　琳

责任印制：刘文豪

时光传奇

雅典

YADIAN

［法］雅克·马丁　著

甄权铨　郎久英　尹明明　译

出　　版	北京出版集团	
	北京出版社	
地　　址	北京北三环中路6号	
邮　　编	100120	
网　　址	www. bph. com. cn	
总 发 行	北京出版集团	
发　　行	京版若晴科创文化发展（北京）有限公司	
经　　销	新华书店	
印　　刷	北京雅昌艺术印刷有限公司	
版　　次	2024年5月第1版	
印　　次	2024年5月第1次印刷	
成品尺寸	235毫米×305毫米	
印　　张	7	
字　　数	90千字	
书　　号	ISBN 978-7-200-17297-3	
审 图 号	GS（2022）3144号	
定　　价	78.00元	
印　　数	1—10 000	

如有印装质量问题，由本社负责调换

质量监督电话　010-58572393

责任编辑电话　010-58572473